I0441514

Manejando el Estrés y la Ansiedad Mediante Terapia Cognitiva & Mindfulness:

UNA GUÍA PARA EL ALIVIO Y BIENESTAR

CARLOS A. TORRES CASTAÑEDA

DEDICATORIA

Para mis padres y mis hermanos, para Mariana y todos los que se involucraron en este proyecto y sobretodo para todas aquellas personas que sufren de ansiedad. Espero que este sea un recurso valioso para su recuperación.

ÍNDICE

PRÓLOGO

Si llegaste a este libro seguramente has estado lidiando de alguna manera u otra con problemas de ansiedad y has estado sufriendo. Puede que estés clínicamente diagnosticado con un problema de ansiedad (p.ej. ataques de pánico, alguna fobia o ansiedad generalizada). Si ya fuiste diagnosticado o simplemente te has aguantado hasta ahorita hay 1 de 2 vías. En la primera, por gracia del destino darás con un excelente terapeuta que te brindará una igualmente excelente terapia y vivirás con mayor tranquilidad por el resto de tus días o te encontrarás uno mediocre que te saque dinero sin que tú veas ningún avance. Como consejo, te insto a que busques un tratamiento validado de manera científica. La segunda me espanta un poco; comenzaste a abusar de una sustancia o has intentado todo lo que ha estado a tu alcance para "controlar" tu ansiedad. Por ejemplo, evitando lugares o cosas. Si te dijera todas las veces que me ha tocado tratar pacientes que con el fin de quitarse sus emociones han recurrido al tabaco, el alcohol, las benzodiacepinas e incluso a drogas ilegales, podríamos hacer un libro entero. Me causa bastante molestia el hecho de que estos destinos negativos pueden ser perfectamente evitados sin tener que sufrir durante años.

Esta guía fue creada con un propósito en mente: ayudarte a manejar tu ansiedad mediante las herramientas del Mindfulness y la Terapia Cognitivo Conductual que actualmente es el mejor tratamiento disponible. Voy a compartir contigo un método que ha ayudado a miles de pacientes—no solo en mi consulta dicho sea de paso—alrededor del mundo. Un método que tiene una eficacia comprobada.

A lo largo de mi carrera profesional, he ayudado a muchas personas a superar sus problemas de ansiedad. Gracias a mi formación profesional y mi experiencia he tenido la buena fortuna de ver cómo muchos pacientes mejoran su calidad de vida y realizan tantos cambios... y aún así eso no es suficiente. Hay un límite a lo que uno o varios terapeutas pueden hacer. Hay muchas barreras que nos impiden acudir a un tratamiento; en primer lugar la barrera económica. No es fácil—económicamente hablando—acudir a una consulta privada con un especialista que lleva años formándose. La segunda es la capacidad del terapeuta. Actualmente atiendo de 25 a 30 pacientes por semana, trabajando de lunes a domingo y aún así no puedo dar abasto a la demanda y este escenario ocurre no sólo en mi consulta privada sino también en instituciones públicas y para terapeutas cognitivo conductuales a lo largo del mundo. Mi intención es promover que *de hecho* hay un tratamiento que muy posiblemente puede aliviar los problemas de los demás.

Antes de que comiences esta aventura, quiero prevenirte de algunas cosas. La primera es que este libro **no es un sustituto de terapia**, sino un apoyo para ti y para tu terapeuta. Sea que hayas decidido tomar un tratamiento conmigo o con algún colega, es vital que comprendas que jamás se puede sustituir por completo el tratamiento con un especialista, aunque la biblioterapia sea una técnica de eficacia comprobada.

Quisiera contarte la historia de uno de mis pacientes con el objetivo de ayudarte a comprender mejor cómo afecta la ansiedad a las personas y al mismo tiempo, para que sepas que no estás solo.. Quiero contarte la historia de Pedro[1].

Cuando cruzó la puerta, me di una buena idea de qué era lo que le había estado pasado. Pedro tenía un padecimiento común de ansiedad, conocido como *"Trastorno de Pánico con Agorafobia"*. En la llamada telefónica de contacto, Pedro me dijo que había estado ya varios años con problemas de ansiedad, que había tenido algunas "crisis nerviosas" y que estaba desesperado.

Efectivamente, tenía un problema de "crisis nerviosas" que nosotros los especialistas de la salud mental llamamos Trastorno de Pánico con Agorafobia. El problema de Pedro, como el de muchas personas que padecen de ansiedad estaba en su atención. Este es un ejemplo de su entrevista inicial:

(Pedro; Paciente): Desde que me dio el ataque no he sido el mismo. ¡Es que todo el día estoy pensando en esto, en si me voy a morir! Ya no puedo ni concentrarme en mi trabajo, me está

---

1 Todos los datos aquí expuestos jamás violaran la confidencialidad de mis pacientes, ya que se han cambiado nombres, géneros e inclusive problemáticas.

empezando a ir mal.

(Carlos; Terapeuta): ¿De verdad es todo el día, más o menos como cuanto tiempo pasas pensando en estas cosas?

P: Casi todo el día. Como cada 5 minutos. Y luego me pongo a pensar si lo que vivo es real, como quién soy y cosas así. Siento como si no estuviera en mi cuerpo… Ya cuando me tomo las medicinas, me siento más calmado. Pero sigo teniendo miedo a que me vuelva a ocurrir. Solo me relajan tantito y después de a rato vuelven los ataques. Ya no sé qué hacer.

La historia de Pedro—afortunadamente—tuvo un desenlace prometedor. Comenzó el tratamiento formal con terapia cognitiva estándar y después de unas sesiones todo comenzó a ponerse en su lugar.

Pedro llevaba ya 2 años y medio utilizando métodos—bastante radicales—para controlar su ansiedad. Estaba al borde de la desesperación y los medicamentos fueron una buena opción para él, al menos al principio. Acudió a diferentes tipos de terapia, dese relajación con flores hasta que le quitaran el mal de ojo. Después acudió a un Psiquiatra pero luego de la ayuda inicial que recibió de los medicamentos y como el médico no vio avances en él, aumentó las dosis de Benzodiacepinas. La medicina se convirtió en dependencia de sustancias y el mantenimiento del problema de ansiedad ¡A veces tenía que tomar de 15 a 20 gotas de Clonazepam diarias! Sólo para poder "dormir" ¿Porqué la medicina no funcionó en su caso? Bueno, pues porque ¡Pedro no estaba enfermo! ¡No había nada que curar!

Pedro se podría haber evitado este calvario. El método para que esto no te ocurra a ti también está en este libro y en la ayuda que un terapeuta cognitivo conductual te pueda dar.

CÓMO USAR ESTE LIBRO

Es muy importante que tengas en cuenta que el libro está diseñado para leerse en orden, por eso está dividido en dos partes. La primera trata sobre la regulación emocional mediante las técnicas de consciencia plena (o Mindfulness) así como de otras estrategias de regulación de la ansiedad. Si no pones en práctica los ejercicios y solo intentas "leer hasta el final" el libro seguramente no te va a ayudar. Cualquier tipo de terapia psicológica debe de ser considerada como una habilidad en la que se progresa con el tiempo, no como una serie de información que se ha de simplemente memorizar y adquirir. Tienes que vivir el proceso de transformación, no sólo informarte.

UN POCO DE PSICOLOGÍA (¿CÓMO FUNCIONAMOS?)

Mi promesa para ti es que al final de este libro vas a tener herramientas para sentirte mejor. Ojalá te pudiera dar tranquilidad a distancia y te pudiera prometer como muchos otros libros de superación personal que todo puede resolverse fácilmente. No me gusta sentirme como una persona deshonesta, así que te soy sincero. Este libro, al igual que si fueras conmigo o con cualquier terapeuta cognitivo conductual a terapia psicológica implica esfuerzo. Es un esfuerzo que bien vale la pena eso sí. Quiero enseñarte a que no dependas de nadie, a que tengas herramientas para ser una persona plena y que no viva bajo el yugo de sus propias emociones.

Ahora bien, quiero que aprendas un poco de psicología ya que es necesario para entender todo este libro. Vamos a empezar por comprender cómo funciona (a muy grandes rasgos) un ser humano. Lo haremos a través del modelo cognitivo conductual.

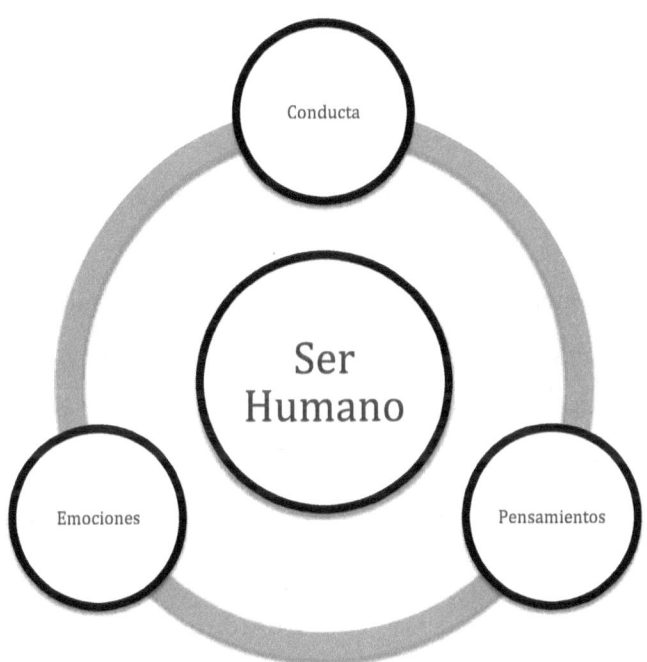

Figura 1

Como puedes observar en la Figura 1, el ser humano está integrado **por las cosas que piensa, las cosas que hace** y **las cosas que siente**; Pensamientos, Emociones y Conducta. Vamos a ver cada uno de estos conceptos.

Los pensamientos son la suma de la actividad de tu mente. Su finalidad es interpretar las situaciones que vives y darles sentido. Todos tus pensamientos se llevan a cabo en tu cerebro. El pensamiento es por una parte automático y por otra parte es efecto de nuestra voluntad. Hay imágenes e ideas que aparecen en nuestra mente como reacción ante las situaciones que vivimos o nuestra educación y prejuicios, mientras que también podemos hacer un esfuerzo consciente por imaginar o resolver algún problema. Los pensamientos, no obstante también son una fuente de problemas, ya que muchas veces son sumamente exagerados o incorrectos, lo que nos puede llevar a propiciar problemas de ansiedad.

Las emociones son reacciones instintivas y de rápida aparición que los animales tienen como método de supervivencia. Estas respuestas se llevan a cabo en el cerebro también, pero están relacionadas más con sistemas instintivos y primitivos de supervivencia, sobretodo las que están implicadas en los problemas de ansiedad. Las emociones afectan y son afectadas por los pensamientos y las conductas. Podemos distinguir las emociones básicas que son el miedo, sorpresa, alegría, tristeza, enojo y desagrado. Realmente tenemos demasiados nombres para nombrar a las emociones, pero cuando tengas dudas, regrésate a esta lista sencilla y verás que tienes una o varias emociones que se mezclaron. Piensa por ejemplo en la vergüenza... ¿A qué emoción se parece más? Al miedo.

La conducta la entendemos como cualquier interacción que tengamos con nuestro medio ambiente. La mejor manera de que la comprendas es que pienses en verbos: Correr, trabajar, paralizarse, etc., son todos ejemplos de conductas. Cualquier acción puede considerarse como tal. La conducta afecta y es afectada por las emociones y los pensamientos.

Ya que tuvimos esa sencilla lección de psicología, me gustaría que avanzáramos hacia lo que nos atañe en este libro. El manejo de la ansiedad.

PARTE 1: ACEPTACIÓN Y PLENITUD

Dicen que aceptar los problemas es el primer paso para cambiarlos. No por nada la aceptación es considerada como la "otra cara de la moneda" del cambio. En esta primera parte te iré mostrando cómo la aceptación es la fundación de una vida tranquila y plena, así como la base de la nueva filosofía de vida que te permitirá hacer cambios radicales.

La regulación emocional es la base de que haya cualquier tipo de cambio por la simple y sencilla razón de que el aprendizaje es truncado cuando existe alguna alteración emocional. Si una persona tiene problemas de depresión su rendimiento cognitivo[2] se ve afectado, así como también en casos de ira o de ansiedad. Piénsalo de esta manera… ¿Alguna vez te preparaste adecuadamente para un examen pero, aunque te fue bien, te saltaste alguna parte del examen sin querer? Lo que pasó en esa ocasión es que probablemente tu proceso de atención fue afectada por tener altos niveles de ansiedad.

---

2 Cognitivo se refiere a todas las operaciones mentales que algún organismo lleva a cabo a partir de la percepción de algún tipo de información.

CAPÍTULO 1: LAS EMOCIONES

Es normal en cualquier ser vivo temer a lo desconocido. En muchas ocasiones, nosotros mismos somos nuestra fuente de temor y desconocimiento, en lugar de ser un mecanismo para sobrevivir. Por eso debemos aprender de las emociones y empezaremos con las emociones básicas que identificó Paul Ekman en sus estudios clásicos; *Alegría, Tristeza, Enojo, Miedo, Sorpresa y Disgusto.*

Las emociones son respuestas subjetivas y fisiológicas ante algún tipo de evento cuya finalidad es la activación de los sistemas de defensa, confrontación y huida de un animal. Varían en cuanto a su expresión y alcance en cada persona y están íntimamente correlacionadas con la percepción de amenazas potenciales. Ahora te voy a traducir esta cosa tan complicada. *Las emociones son reacciones que se sienten en tu cuerpo y que dependen de la manera en que veas las cosas que te están pasando.* Las emociones tienen una finalidad; *protegerte.* El problema es que muchas veces este sistema no funciona adecuadamente. Nuestra mente está lejos de ser perfecta, así que tenemos que aprender a cómo usarla.

EMOCIONES Y EVOLUCIÓN

¿Porqué las emociones están para protegerte? La respuesta es sencilla. Para que un animal pueda sobrevivir necesita reaccionar lo más rápido posible ante una amenaza de vida o muerte. Imagínate la historia de vida de un antílope en la sabana. Como todo animal, el antílope necesita agua para subsistir. Pero resulta que el agua no atrae solamente a otros antílopes, sino a cualquier animal que quiera sobrevivir. Y eso conlleva el riesgo de que haya depredadores. ¿Has visto cómo los animales conviven a una corta distancia de sus depredadores? Los antílopes y cebras pueden estar a unos cuantos metros de los leones. No lo hacen por gusto, créeme. Lo hacen porque necesitan el agua para subsistir, y resulta que muchas veces no tienen otra opción más que estar a una distancia corta de los depredadores. Entonces, la amenaza está presente pero los animales se enfocan en proveerse alimento ¿Qué pasaría si los antílopes tardan mucho en reaccionar ante un depredador que ya se está preparando para cazar? La muerte. Nuestro sistema nervioso está programado para responder de la manera más rápida y eficaz posible ante amenazas, por lo que desarrolló a lo largo de millones de años lo que conocemos como el sistema ascendente. Los animales—incluido el ser humano—han de responder ante las amenazas potenciales de la manera más rápida posible porque la existencia del animal está de por medio. Se necesitan enviar señales de peligro rápidamente al cerebro para que se pueda reaccionar ante la amenaza. Así funcionan las emociones de peligro en la ansiedad. La diferencia esencial para el ser humano es que, rara vez ya nos enfrentamos a situaciones de vida o muerte pero seguimos evaluando las amenazas que vivimos como si fuera nuestra existencia en ello. Otra forma en la cuál nuestro proceso evolutivo actualmente no nos ayuda es en cuanto a la ansiedad social. Muchas veces preferimos el dolor físico al dolor social, como es el rechazo por nuestros pares. Antes, cuando en nuestra tribu teníamos un conflicto de interés, era muy posible que el rechazo de los demás sí repercutiera en nuestro exilio o muerte. Pero ya no vivimos en esas circunstancias.

LAS EMOCIONES ¿CASTIGO DIVINO?

¿Porqué me pasa esto a mi? Tanto Pedro como prácticamente todos los pacientes que he atendido por problemas de ansiedad, en algún momento me sueltan eso. ¿Qué hice? ¿Porqué me pasan estas cosas? La respuesta es porque eres humano. No, no son castigo de dios. Ni del diablo. Aunque parezca que sí. Las emociones son un sistema de defensa, tanto para ti como para mi. El problema es que a veces tenemos problemas autoinmunes y nuestras defensas se pueden tornar en nuestra desventaja.

Quiero hacer hincapié en la respuesta que te di hace unas cuantas líneas. Somos humanos. Y, aunque somos muy parecidos, también nos diferenciamos de los animales en cuanto a dos capacidades. Tenemos la capacidad de reconocer que existimos. Esto es la autoconsciencia. Es nuestra característica más distintiva. Se especula que algunos animales como los delfines o los elefantes también la poseen aunque en menor medida. La segunda capacidad que tenemos es el viaje en el tiempo. Tu mente puede desconectarse—a veces por completo—del presente, permitiéndote recordar cosas del pasado o planear hacia futuro. Esas dos capacidades se pueden volver en nuestra contra. Mucho tiempo en el pasado, mas una pizca de reclamos equivale a una buena receta para la depresión. Mucho tiempo en el futuro mas una pizca de catastrofismo equivale a la receta perfecta para tener un trastorno de ansiedad; Recuerda a Pedro:

"Sigo teniendo miedo a que me vuelva a ocurrir" ¿Qué es eso? Nuestra capacidad de ver al futuro, en contra de nosotros mismos; pensamientos sobre el futuro.

¿CÓMO ME LAS QUITO?

Pues esa es la cuestión realmente. No se puede y a la vez sí. ¿Confundido? En el discurso de Pedro y muchos otros pacientes—es posible que a ti también te esté pasando—nos encontramos con una voluntad férrea de quererse quitar el dolor o el sufrimiento que surge de tener tanta ansiedad. A como dé lugar. Y esto no se puede. Te tendrían que realizar una lobotomía. Y créeme, lo entiendo. Dan ganas de salir corriendo a ver si así se quitan esas sensaciones pero ¿Y si te dijera que el chiste no es tanto quitártelas sino aprender a usarlas a tu favor? En este capítulo voy a compartir contigo los secretos del manejo de la ansiedad, para que te ayude en vez de que te perjudique. Porque no te puedes curar.

¿CÓMO QUE NO ME PUEDO CURAR?

"Quisiera despertar un día y volver a ser normal" Es un sueño que me han confiado muchos pacientes. Temo decirte que no es posible porque básicamente no eres anormal. Actualmente una gran proporción de la población vive con ansiedad. Y no es para más. El ser humano se está enfrentando a una gran presión por sobrevivir en el mundo moderno aunque muy diferente a como vivía en el pasado. Las amenazas, sin embargo son prácticamente siempre a largo plazo.

Hay que aprender a diferenciar qué es qué para que no te confundas y entiendas porqué no te puedes curar. La respuesta corta es *"Porque no estás enfermo"*. Una enfermedad tiene una causa biológica. Sea un agente externo o interno. Hay enfermedades provocadas por parásitos o por microorganismos. Si te enfermas de una infección en vías respiratorias, hay un organismo extraño a tu cuerpo que te atacó y te enfermó. Si tomas un tratamiento puedes *curarte*. A veces, las enfermedades vienen de adentro, como el cáncer o las enfermedades autoinmunes, en las que el cuerpo tiene problemas para funcionar normalmente.

La ansiedad es un desorden o trastorno. Particularmente creo que la palabra desorden describe de una manera más adecuada la naturaleza de la ansiedad. Un desorden de ansiedad es un problema en la manera en cómo un fenómeno natural ocurre. La ansiedad no puede curarse porque no es causada por un problema biológico, como en el caso de una infección sino por un déficit en el control del proceso psicológico de atención y en muchos casos se presenta de manera conjunta con una vulnerabilidad debido a que la persona que la padece tiene un umbral de tolerancia a la ansiedad más bajo.

CAPÍTULO 2: TRABAJANDO CON LAS EMOCIONES

Cuando una persona tiene un trastorno de ansiedad o está en vías de desarrollarlo, existe un conjunto de síntomas que van desde la manera en cómo una persona piensa hasta las cosas que hace. Los síntomas más comunes—y los más llamativos—son los físicos; gastritis, colitis, palpitaciones, sudoración excesiva, sensación de ahogo, temblores en los pies y manos y un largo etcétera. Estos síntomas son provocados debido a que la ansiedad provoca que se libere una hormona conocida como *cortisol*. Niveles elevados de esta hormona en el cuerpo produce que haya mayores niveles de azúcar y triglicéridos en la sangre; ambas son combustible que el cuerpo usa para realizar actividades e idealmente, cuando se liberan debido a la percepción de una amenaza, sería para poder sobrevivir. Sin embargo, como este combustible no se usa, esto provoca a largo plazo se deteriore tu salud. Pero esto no acaba ahí. Además de los síntomas físicos, podemos observar también cómo la mente pasa a ser afectada; pensamiento tangencial, pensamientos distorsionados y castastróficos, taquipsiquia (pensamiento veloz y tangencial, que tiene problemas para llegar a conclusiones). Todos estos síntomas del pensamiento son parte de la percepción de amenazas y conducen a los que padecen ansiedad a sufrir a largo plazo incluso más que los síntomas físicos.

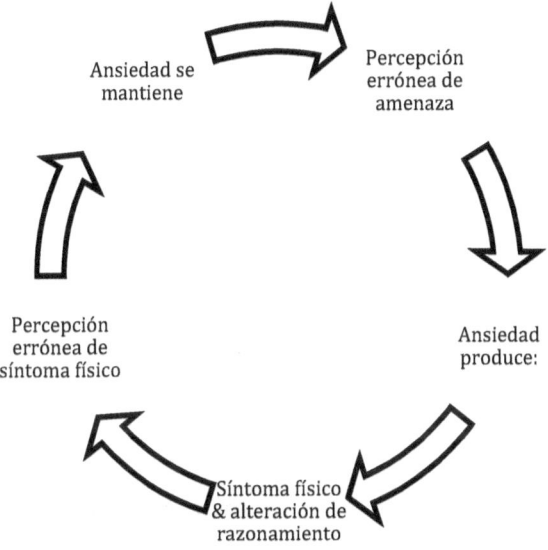

Lo que queremos decir con lo anterior es el hecho de que las emociones afectan la capacidad de razonamiento, y las fallas de razonamiento mantienen las emociones intensas, creando así un círculo vicioso.

Es por ello que antes de comenzar a utilizar cualquier tipo de técnica que te ayude a mejorar tu pensamiento, debes aprender a reducir la intensidad de las emociones. Voy a compartirte el secreto del manejo de tu persona, mediante la analogía de la motocicleta.

¿Sabes manejar una moto? Imagínate que tienes ganas de aprender. Y entonces decides ir con tu gurú local de motos. Te juntas con un club de motociclistas, etc. Pero te ponen la condición de que para aprender sólo te pueden enseñar 1 solo fin de semana. No más.

¿Qué va a pasar? Si eres un buen estudiante, es posible que en ese fin de semana aprendas lo básico ¿Pero de verdad te atreverías a ya irte tú solito a manejar por la ciudad luego de unas cuantas horas de manejo? Así me pasó cuando aprendí a manejar un automóvil. Me entrenó un instructor durante una semana (mucho más tiempo que sólo un fin) y después me soltaron. No pasó ni una semana y aunque obviamente sí sabía lo básico, no me había acostumbrado realmente a manejar ni tenía experiencia, por lo que choqué el automóvil.

El secreto para el cambio está en las horas de experiencia y en mantenernos en el cambio, no en tener una exposición rápida y breve a la técnica. Tanto para el cambio de pensamientos, emociones y conductas, necesitamos de experiencia.

EL ROL DE LA ATENCIÓN EN LOS PROBLEMAS DE ANSIEDAD

¿Alguna vez te has lastimado sin que te dieras cuenta? Tal vez alguna cortada en el brazo, algún moretón que apareció sin explicación... Desde hace bastante tiempo se ha comprobado que la atención tiene un rol muy importante en cómo se percibe el dolor, y la ansiedad. Desde hace bastante tiempo también ya, las enfermeras con experiencia saben que una buena forma de aplicar inyecciones sin dolor para los pacientes es el distraerlos. Como el cerebro se enfoca en otras tareas, es menos probable que se alerte ante un dolor leve. Pero esto es en los mejores escenarios. La atención es probablemente el mayor aliado de los problemas de ansiedad.

Hay una cadena muy especial de eventos que desarrollan los problemas de ansiedad en los que la atención juega un rol esencial. Imagínate que tu mente está programada en modo "busca de amenazas" ¿qué procesos psicológicos se encarga de buscar esas amenazas? La atención y el pensamiento. La atención se encarga de sostener los recursos del cerebro en una tarea (Búsqueda de amenazas) y el pensamiento se encarga de procesar la información que el cerebro recaba mediante el proceso atencional. El verdadero problema es cuando el orden normal del funcionamiento de estos procesos se altera. El origen puede ser realmente variado. Desde una vulnerabilidad genética a tener un umbral muy bajo de tolerancia a la ansiedad, hasta haber sido víctima de algún accidente o ser testigo de uno. Como decíamos más atrás, el correcto funcionamiento de los procesos de pensamiento y atención se ven afectados y entonces pueden centrarse en amenazas—tanto internas como externas—y esto produce que el trastorno de ansiedad se mantenga. En otras palabras, la mente se "clava" en las amenazas internas o externas[3] y de ahí no sale, porque los procesos de atención y pensamiento se la pasan procesando amenazas que ni siquiera están presentes o que siquiera puedan realmente pasar. La siguiente ilustración nos muestra la diferencia entre amenazas internas y externas.

Ya que comprendiste cuál es el rol del proceso psicológico de la atención en la creación y mantenimiento de los problemas de ansiedad, vamos a aprender cómo y qué podemos hacer para mejorar tu estado de ánimo. Presentamos a continuación un esquema de *todo* lo que tenemos que lograr para mejorar:

1. Entrenar Atención
2. Aceptación
3. Cambio de pensamientos disfuncionales

---

3 Las amenazas externas pueden ser percibidas como accidentes, robos, amenazas, etc., mientras que las amenazas internas normalmente son el temor a enfermedades, malestares, etc. P.ej. ataques al corazón, miedo a perder el control, volverse loco, etc.

4. Resolver Problemas
5. Cambio de filosofía de vida

EJERCICIOS DE RELAJACIÓN

Los ejercicios de relajación han sido comprobados como una técnica efectiva para el tratamiento de la ansiedad. Lo que hacen estos ejercicios es reducir la intensidad de la emoción. No obstante, no es un tratamiento a largo plazo. Puedes aprender a relajarte pero sólo es una medida temporal para poder arreglar el problema que te está afectando. Vamos a comenzar por aprender sobre la relajación mediante la respiración diafragmática.

RESPIRACIÓN DIAFRAGMÁTICA

La respiración diafragmática implica el tipo de respiración más sana y fisiológicamente correcta.

1. Siéntate en un lugar cómodo y libre de distracciones.

6. Imagínate que hay una bolsa vacía dentro de tu abdomen, debajo de tu esternón (donde se unen tus costillas). Apoya ambas manos, una de cada lado del abdomen.
7. Comienza a respirar de manera tranquila y profunda, nota cómo se va inflando el diafragma. Toma aire durante unos 3 a 5 segundos. Esto puede variar dependiendo del tamaño de tus pulmones. La regla de oro es que te sientas bien y cómodo.
8. Mantener el aire adentro y soltarlo lentamente. Nota cómo se libera la ansiedad cada vez que exhalas.

- Recuerda siempre llenar primero la parte inferior y media de tus pulmones, para luego pasar a los costados.
- La respiración debe ser fluida, constante y no forzada.

RELAJACIÓN MUSCULAR PROGRESIVA

El objetivo de la relajación progresiva muscular es reducir la ansiedad mediante la relajación de los grupos musculares. Fue creado por Edmund Jacobson con el fin de crear un tratamiento para la ansiedad. Lo que tienes que hacer es tensar y destensar tus músculos, dándote cuenta de cómo se libera la ansiedad cuando sueltas rápidamente los músculos que tensaste.

Vas a tensar los siguientes grupos musculares en el siguiente orden:

1. Los brazos y manos (Cierra tus puños y ténsalos; pasa a tus antebrazos y bíceps, terminando en tus hombros)

2. Abdomen y espalda
3. Cara (Quijada, boca y frente)
4. Piernas y pies

- Se debe de tensar durante 4 segundos. Cuando lo sueltes, no lo hagas paulatinamente sino de golpe.

- Concéntrate en la sensación de cuando el músculo se relaja.

- Cuando acabes todos los grupos musculares, es recomendable que tomes una posición fetal y trates de tensar al mismo tiempo todo tu cuerpo. Nuevamente cuenta hasta 4 y suelta de golpe tus músculos.

EJERCICIOS DE MINDFULNESS (ATENCIÓN PLENA)

El Mindfulness o Atención Plena es una práctica milenaria desarrollada en oriente por las corrientes Budistas Zen. Los ejercicios de atención plena no tienen nada de místico, aunque hayan sido creados por una religión. Los componentes más importantes de la atención plena son de hecho neuropsicológicos. ¿Te acuerdas de nuestra plática acerca de la atención? *Voilà!* La atención plena se encarga de entrenar tu atención, desde una postura no juiciosa, enfocada en el presente. No obstante, antes de que comencemos con los ejercicios de atención plena, vamos a revisar un par de conceptos.

ACEPTACIÓN RADICAL

La aceptación radical implica una postura ante el mundo. La postura de *no luchar*. Cuando una persona quiere quitarse alguna sensación desagradable, está luchando contra ella. Hay muchas cosas por las que hay que luchar y evitar. Nuestro sistema nervioso de hecho está programado para encontrar amenazas e impedir que el organismo esté en riesgo. ¿Pero qué pasa cuando esto causa más problemas de los que resuelve? Lo que sucede es que cuando se luchan con sensaciones—como la ansiedad—que provienen del mismo cuerpo, se crea una asociación entre la lucha y un estado de "relajación". Piensa en una película de terror y la cantidad de personas que comienzan a morderse las uñas por ansiedad. La conducta de morderse las uñas es una especie de "regulador" del sistema nervioso. Esta conducta se vuelve un hábito asociado que "relaja" al sistema nervioso. Lo que en realidad pasa es que esta asociación impide que se maneje de una manera más saludable la ansiedad. Ahora vámonos a un caso un poco más fuerte. Cuando una persona comienza a sufrir ataques de pánico[4], normalmente comienza a evitar una serie de actividades. Esta evitación, a corto plazo—evitar es otra forma de lucha—produce que la ansiedad disminuya, al menos temporalmente. El problema viene a largo plazo, ya que esta

---

4 Los ataques de pánico son episodios breves pero sumamente intensos en los que lo padecen sienten múltiples síntomas físicos y cognitivos, que van desde una sensación de ahogo, dolor en la caja torácica, entumecimiento de manos y pies, escalofríos hasta pensamientos de perder el control, sensación de irrealidad o "volverse loco".

asociación entre evitar y reducir ansiedad no puede prolongarse indefinidamente. Se comienzan a evitar cosas y situaciones normales de la vida. Pero aquí viene el punto más importante; ¿Cómo podemos evitar o luchar cuando las sensaciones vienen de dentro? ¿A dónde vamos a correr? La lucha contra la ansiedad es una lucha perdida. Porque no tenemos que luchar contra nosotros mismos. La segunda postura de la aceptación radical implica el **no juzgar**. ¿Qué implica el no juzgar? Por si misma, la ansiedad no es ni buena ni mala. Simplemente existe porque así evolucionó nuestro sistema nervioso. Está diseñado por la naturaleza para evaluar amenazas. Las sensaciones que produce la ansiedad son producto de la liberación de hormonas. Y tu las calificas con tu pensamiento de "indeseables" "malas" o de "peligrosas". Simplemente son incómodas, también dolorosas. Pero empezar por no etiquetarlas como algo malo es un comienzo para aceptarlas. La aceptación, en su conjunto implica el *flujo*, esto quiere decir el que combinemos una postura de no enjuiciar y de no luchar. Las emociones entonces pasarán por uno, se sentirán y con el tiempo desaparecerán. Mientras más las juzguemos y luchemos contra ellas, más tiempo estaremos en crisis.

EJERCICIOS DE ACEPTACIÓN

Para que puedas sentirte mejor y comenzar a tener una postura de aceptación, es bastante útil que te lo recuerdes mediante algunas frases. Les llamamos autoinstrucciones y guías visuales. Estas son algunas cuantas:

- "Así son las cosas. Y eso no es horrible"
- "Afortunadamente, el mundo no es como yo digo"
- "Ya lo pasado pasado…"
- "Clavarme en el pasado sólo hace que no pueda disfrutar del presente"
- "El único tiempo es el presente"

Para ayudarte a recordar estas frases, es útil hacer una guía visual. Desde una nota adhesiva en tu escritorio hasta enmarcar una hoja.

Otra forma de poner en práctica la aceptación es, *literalmente* ver cuál es nuestra participación de las cosas y preguntarnos de qué manera lo podemos aceptar. Responde alguna de estas preguntas:

- ¿Qué fue lo que pasó? Imagínate que eres como una cámara, que sólo captura información pero no emite juicios. Responde tal cual.

- ¿Cómo llegamos a este punto de la historia? Imagínate que eres un narrador. No juzgas la historia, sólo te limitas a narrar los hechos.

- ¿Qué rol jugaste en la historia para que llegaras hasta este punto? Igualmente, habla de ti en tercera persona para evitar juzgarte.

- ¿Qué sí y que no está en tu control de esta situación? Normalmente en ti está poner una solución, pero no todo puede ser resuelto. Tus emociones están solo bajo una parte de tu control, así como otras personas. Haz la diferencia.

- ¿Qué solución puede haber *en este momento*? No vivas en el *hubiera*. Fíjate en lo que puedes hacer en el presente.

Cambiar es parte de aceptar, pero para ello debemos centrarnos en lo que sí se puede y lo que no se puede modificar.

PLENITUD

Definimos a la plenitud como la capacidad de poder vivir en el presente. Como te he repetido en varias ocasiones, las emociones no son una enfermedad ni un castigo, sino un complejo mecanismo evolutivo de supervivencia. El verdadero problema estriba en cuando no podemos utilizarlas en el momento adecuado. Piensa en los siguientes ejemplos:

- Para los empleados del departamento de contabilidad, el cierre contable les significa un trabajo sumamente intenso que requiere de paciencia y una altísima tolerancia a la frustración. Mes con mes y año con año se acercan las fechas y los que trabajan ahí viven temiéndolas. Lo paradójico de este asunto es que muchas veces producen más malestar cuando todavía no llega el cierre que cuando ya están en él. Al final de una jornada así, normalmente quedan exhaustos, pero siguen sobreviviendo. El problema en sí entonces fue que no pudieron mantenerse en el presente, disfrutar el tiempo que tenían *antes y durante* el cierre. Una amplia carga de trabajo no tiene porqué significar el fin del mundo.

- Cuando ya no soportas a tu jefe. Puede que haya sido hostil e incluso grosero. Y cada vez que lo ves te retuerces con ferocidad por dentro. Lo curioso del asunto es que, hasta que no lo vuelva a hacer, te estás perdiendo la oportunidad de mantener una buena actitud, disfrutando de tu trabajo. Puede que efectivamente tu jefe sea bastante nefasto, pero al no poder estar en plenitud, lo malo lo has hecho intolerable.

MEDITACIÓN DE ATENCIÓN PLENA

La meditación de atención plena es un ejercicio práctico destinado a entrenar el proceso psicológico de la atención enfocada hacia el presente con una actitud no enjuiciadora. No hay nada místico ni religioso atado realmente a esta práctica, aunque nace haya nacido en la tradición Zen Budista. Lo que vas a aprender en este ejercicio es a entrar en estado de *flujo*. O sea, aceptando las sensaciones de tu cuerpo y de tus sentidos, enfocados en el presente desde una actitud que no juzga.

Pasos básicos del ejercicio de atención plena

1. Encontrar un lugar tranquilo y libre de distracciones.
2. Sentarse con la espalda recta.
3. Llevar la atención a la postura, desde la espalda baja hasta la nuca y la cabeza. Corregir conforme vayamos sintiendo molestia o no.
4. Llevar la atención a un solo estímulo; respiración, alimentos, corazón, etc.
5. Mantenernos concentrados en las sensaciones en el presente.
6. Cuando lleguen pensamientos, sensaciones y emociones, hay que dejarlas fluir, aunque sean dolorosas.
7. Contemplar desde una postura no enjuiciadora de las sensaciones, pensamientos y emociones; aceptación.
8. Ser amable con uno mismo y solo regresar la atención cuando la mente se distraiga.

CON FRUTOS

Uno de los sentidos que más puede llamar nuestra atención es la comida. Podemos comenzar con una ciruela o algún otro cítrico. Te recomiendo que leas el siguiente guión en voz alta y lo grabes con tu teléfono u otro aparato. Luego intenta hacer el ejercicio de meditación tú solo.

Vamos a comenzar por encontrar un lugar tranquilo y lo más libre de distracciones que podamos. Debemos sentarnos con la espalda recta y sobre una superficie cómoda. De hecho, si pudieras conseguir un sofá o un tapete de yoga te sería de mucha ayuda.

Una vez sentados de esta forma, vamos a llevar nuestra atención hacia el fruto. Comienza por la observación no juiciosa. No le des "adjetivos", simplemente contempla lo que tienes frente a ti.

Cuando te sientas satisfecho con tu contemplación, cierra tus ojos. Es momento de que le demos cabida a tu olfato. No pienses cómo huele el fruto, aunque si te llegan pensamientos los debes de dejar fluir, para cuando te des cuenta de que tu mente se distrajo, solo amablemente te regreses al olor.

Mantente así durante algunos momentos más (aprox. 3 minutos en la grabación)

Es tiempo de dedicar ahora unos momentos al sabor. El gusto es uno de los sentidos que se perciben con mayor intensidad. No te centres solo en el sabor de la fruta en tu boca, trata de percibir cómo se siente el fruto en cada parte de tu lengua, desde la punta hasta la parte más posterior. Siente también la textura del fruto, en tu paladar, tus dientes y muelas. Cuando hayas masticado lo suficiente, trata de percibir el sabor del fruto ya machacado. Repite este proceso varias veces hasta que termine el contador de tiempo.

CON LOS SONIDOS

Los sonidos son una buena fuente de plenitud. Hasta el sonido de construcción que muchas veces resulta molesto puede convertirse en una fuente de tranquilidad.

Comienza por la fase de atención hacia tu postura, para llevarla posteriormente a los sonidos que te rodean.

Desde el sonido de la calle, los autos que pasan, los automovilistas que tocan su claxon, hasta el sonido del teclado de las computadoras de tus compañeros. Todas son fuentes de plenitud.

Comienza por llevar tu atención a los sonidos más inmediatos o cercanos a ti. Intenta separar sus fuentes e imagina que estás en un mapa y tratas de localizarlos. Trata de calcular qué tan lejos o cerca están de ti.

No juzgues los sonidos que escuchas. Mantén una actitud contemplativa. Sólo percíbelos como los estímulos que son, nada más.

Ahora ponle atención a las cosas más lejanas de ti. Puede ser el ruido de los coches al pisar el asfalto, del motor de los automóviles, alguna canción lejana…

Cuando tu mente se distraiga o cree una historia acerca de los sonidos, no intentes controlarla. Solamente cuando te hagas consciente de tu distracción, amablemente lleva de nuevo tu atención a los sonidos.

CON LA RESPIRACIÓN

Podríamos decir sin excepción que la práctica del mindfulness fue creada mediante las técnicas de respiración. La respiración es una fuente de plenitud integrada. No necesitas un libro, no necesitas una aplicación de tu Smartphone, no necesitas nada más que el oxígeno que te provee la madre tierra. Vamos a ver un guión que puedes grabar para usar posteriormente.

Una vez realizados los ejercicios de corrección de la postura, llevamos nuestra atención hacia la respiración.

Vamos a comenzar por tomar en cuenta dos sensaciones muy especiales. La textura del aire y la temperatura del mismo.

Fíjate cómo se siente cuando el aire entra por tus fosas nasales. Siente la textura del aire y su temperatura. Puede ser que esté frío o un poco caliente.

Nota cómo cuando entra en tu pecho se va calentando, llenando tus pulmones y permitiéndote estar vivo.

Mantén una respiración diafragmática; profunda y lenta.

Cuando te distraigas, no te critiques. Deja fluir tu mente, no trates de controlarla. Sólo cuando te des cuenta de que te disociaste del presente, regrésate de forma amable hacia tu respiración, a las sensaciones de temperatura y la textura del aire.

Permanecemos unos momentos concentrados en nuestra respiración. Quiero que te enfoques a continuación en tu pecho. Fíjate cómo el aire va inflando lentamente la parte baja de tus pulmones, ensanchando un poco tu vientre, pasando por la parte media, abriendo tu caja torácica y llegando hasta la parte superior, bajo tu clavícula.

Puedes ponerle atención a una sola parte de tu respiración o a todo el proceso. Enfoca tu atención en la sensación.

Cuando te distraigas no seas duro contigo mismo(a). Sé amable y sólo regresa tu atención a tu respiración.

El proceso debe repetirse hasta que hayas logrado tener 10 minutos de trabajo.

CON EL CORAZÓN

Los latidos de nuestro corazón son una fuente excelente de plenitud o de ansiedad. El problema es la interpretación que tengamos de los estímulos que recibimos. Esta es una versión modificada del ejercicio de atención plena mediante la respiración. Al guión anterior debes agregarle los siguientes puntos.

Debes tomar aire de manera profunda y mantenerlo el mayor tiempo posible dentro de los pulmones sin que sea incómodo. Durante este período en el que el aire está dentro de tu cuerpo te va a ser más sencillo ponerle atención a tu corazón. Puedes sentir los latidos en tu pecho, en tu cuello, brazos y dedos. Debes poner mucha atención ya que al principio es solamente una sensación muy sutil que va aumentando de intensidad conforme vayas concentrándote. No juzgues tu corazón ni trates de contar sus latidos, déjalos ser manteniendo una actitud contemplativa.

Quiero que practiques ahora este proceso durante esta semana. Recuerda que este no es un libro teórico sino práctico. Tienes que dominar la habilidad. Si necesitas más ayuda, escríbeme en la siguiente dirección web para que pueda darte asistencia:

http://www.cbtpsicoterapia.com/#!contacto/con8

PARTE 2: CAMBIO Y EXPOSICIÓN

EL MONJE Y EL REY TIRANO

Cuenta la leyenda de que en un lejano reino habitaba un rey tirano que abusaba en todas las formas posibles de sus súbditos. Un buen día, llegó un monje budista a este reino y propagó la filosofía de la aceptación entre algunos de sus habitantes para luego marcharse y seguir su camino hacia su tierra natal. Poco a poco esta filosofía cobró relevancia y popularidad entre los habitantes de aquella tierra y pronto todos los súbditos entendieron que lo mejor era no resistirse y dejar fluir las sensaciones de desagrado y a poder concentrarse en el momento. La filosofía se propagó por todo el reino, sin embargo el rey continuaba con sus abusos. Un buen día luego de muchos años, el mismo monje en sus andanzas dio con aquella tierra antaño conocida. Cuando conoció de los efectos de su filosofía en el reino del rey tirano quedó espantado ante lo que habían provocado sus enseñanzas. Los súbditos se habían quebrado por completo y eran sumisos, completamente entregados ante la voluntad del rey tirano. El monje quería compartir la filosofía de la aceptación y la negación de los deseos con el objetivo de mejorar la calidad de vida de las personas a quienes conocía, pero en ningún momento les dijo que eso era lo mismo que la resignación y la desesperanza. Los súbditos confundieron la filosofía de la aceptación cuya base es no resistirse ante las cosas que uno no puede controlar por completo, como las emociones y la mente, con la resignación y el pesimismo, que sería dejar sin cambios o evitar las situaciones en las que a pesar de que impliquen un sacrificio, pueden de hecho mejorar. Lo que tenían que hacer los súbditos era claro. Tenían que destronar al tirano, porque era algo que de hecho sí se podía cambiar, además de que no era sano vivir sin derechos ni igualdad.

La moraleja de esta historia es que no debemos confundir la filosofía de la aceptación, porque también debemos hacer cambios significativos en nuestra vida para mejorar.

CONÓCETE A TI MISMO

Esta frase se ha atribuido a distintos filósofos a lo largo del tiempo. Para fines prácticos, vamos a dejarlo con que fue Sócrates. Conocernos a nosotros mismos es un paso esencial para el cambio y a la fecha, no conozco mejor método que el que vayas haciendo un historial de tu vida psíquica. Para ello, vamos a retomar los conceptos que vimos en la primera sección del libro; conducta, emoción y pensamiento.

Tenemos que organizarnos mentalmente. Por eso, quiero que respondas a las siguientes preguntas:

1. ¿Cuáles son las 5 situaciones más comunes que te estresan?
_____
_____
_____
_____
_____
_____

2. Del 1 al 10 ¿Qué tan intensas son tus emociones de ansiedad?
_____
_____
_____
_____
_____
_____

3. ¿En qué parte de tu cuerpo experimentas la ansiedad?
_____
_____
_____
_____
_____
_____

4. ¿Qué situaciones has evitado para no sentir ansiedad?
_____
_____
_____
_____

Cualquier tipo de psicoterapia, incluida la versión impresa (Biblioterapia) es un proceso de cambio, no un "Léeme y ya está". Por ello, debemos conocernos a profundidad y ¿Qué mejor manera de hacerlo que con datos? Para ello te hice las preguntas anteriores y vamos a poner en práctica el registro de pensamientos.

Esta se una herramienta muy usada en la terapia cognitivo conductual y quiero que la pongas en práctica contigo también. El objetivo de ello es recabar datos de cómo te estás sintiendo, pensando y comportando en el mundo real, así como que vayas registrando tus intentos por mejorar y sentirte bien.

En el anexo vienen algunas hojas de registro para que puedas realizarlo ahí. Visita la página para tener acceso a las hojas en formato pdf o Word.

http://www.cbtpsicoterapia.com/#!descargas/c1itn

CAPÍTULO 3. LOS PENSAMIENTOS

Somos animales, no hay manera de negarlo. Nacemos, morimos, nos reproducimos (algunos) y nos morimos. Somos amamantados, necesitamos de nuestros pares para aprender el significado de ser humano, adquirir el lenguaje y educarnos y aunque lo intentamos quitar, seguimos teniendo un sistema de jerarquía justo como los demás primates. Nadie nos puede quitar eso. Durante años, los psicólogos han estado fascinados con los aspectos más complicados del ser humano y han llegado a construir el famoso modelo Biopsicosocial.

LAS CREENCIAS RACIONALES

"Todo está en la actitud" "Échale ganas" "Todo está en como lo piensas" "Piensa bien, siéntete bien" Esas y mil frases más circulan en internet, en libros y hasta en agendas de Paulo Cohelo. La verdad es que no es muy difícil darse cuenta de que la forma en que pensamos afecta básicamente toda nuestra vida. Pero el problema radica en la educación. ¿Cuántas veces tomaste alguna clase para aprender a pensar correctamente? La respuesta, para cualquier persona es cero. Y cuando sí te lo enseñan seguramente ni hiciste caso. ¿Te acuerdas de una materia se llamaba lógica? Es posible que la vieras en la preparatoria. Las subsecuentes se llamaban epistemología y metodología de investigación. Para que te des cuenta de cuánto le importa la educación y tu bienestar mental, debo traerte la noticia de que cancelaron esta materia para los que cursan el bachillerato

recientemente en México.

Verás, el mundo de hoy ha tenido un avance tecnológico impresionante, pero para la mayor parte de la población el aprendizaje del correcto pensar ha quedado en la obscuridad, y eso que hemos tenido avances bastante significativos. Lo que yo te puedo ofrecer son las herramientas que los filósofos y en particular el psicólogo Albert Ellis fueron trabajando para mejorar nuestra forma de pensar. Esto es, mediante el pensamiento racional. La razón es la ejecución de nuestras facultades mentales para poder utilizar nuestro cerebro para resolver problemas y mantener una cosmovisión basada en la lógica y la verdad, versus la ignorancia y la impulsividad de nuestros instintos descontrolados, o sea la *Irracionalidad*.

Cabe destacar que digo *nuestros* porque cuando el ser humano comenzó a aplicar la razón, continuamente se comparaba con los animales e inclusive con otras civilizaciones. Son *nuestros* instintos porque los animales no tienen problema alguno parecido al ser humano como la depresión o la ansiedad, salvo algunas excepciones y que—bien podrías adivinar—el ser humano está implicado. El único ser irracional es el ser humano. Así de simple. Teniendo esto en cuenta, debemos *modificar* y *aprender a usar* nuestras facultades para que no se salgan de control. Y lo podemos hacer por medio del pensamiento racional. El objetivo no es ser completamente racionales, sino sólo disminuir nuestra irracionalidad.

CARACTERÍSTICAS DEL PENSAMIENTO RACIONAL

No hay mejor manera de explicar qué es la racionalidad que poner de manifiesto cómo está compuesta. Observa la siguiente tabla para conocer qué es el pensamiento racional vs. El pensamiento irracional.

Pensamiento Irracional	Pensamiento Racional
Falso e Inflexible	Verdadero y Flexible
Ilógico	Lógico

FALSO E INFLEXIBLE VS. VERDADERO Y FLEXIBLE

Cuando tenemos creencias falsas e inflexibles estamos predestinados a vivir una vida de desgracias. Para que te hagas una idea de qué significa esto, te daré algunos ejemplos de pensamientos que han tenido algunos de mis pacientes que se han tratado por problemas de ansiedad.

—¿Y si me da un ataque de ansiedad y nadie me puede ayudar?

—Van a pensar que estoy loca.

—Seguramente esto me lo estoy provocando yo.

—¿Porqué no puedo ser una persona normal?

Quiero que pongamos en práctica algunas cuantas herramientas de cambio de pensamiento. Para encontrar si tu pensamiento es racional o Irracional, debes hacerte la siguiente pregunta:

¿Qué evidencias tengo para afirmar que mi pensamiento es falso? Las evidencias no son opiniones, sino hechos confirmados por observación directa de múltiples casos y de la experimentación. Vamos a debatir uno a uno estos pensamientos:

—¿Y si me da un ataque de ansiedad y nadie me puede ayudar?

—¿Qué evidencias tengo para afirmar que mi pensamiento es falso?

—Pues al momento no ha pasado nada. Cuando me han dado ni siquiera he intentado pedir ayuda.

—Van a pensar que estoy loca.

—¿Qué evidencias tengo para afirmar que mi pensamiento es falso?

—Al momento nadie me ha dicho nada. Tampoco me han dicho que soy rara ni loca. ¡Es más! ¿Aunque alguien me dijera, qué sabe la gente de estar loco o no? Además, no puedo saber qué piensan de mí.

—Seguramente esto me lo estoy provocando yo.

—¿Qué evidencias tengo para afirmar que mi pensamiento es falso?

—No es como si me hubiera inscrito en un programa para provocarme ansiedad. No tengo pruebas que digan que yo lo estoy haciendo a propósito. Leí en internet que la ansiedad muchas veces se deben a factores de vulnerabilidad al estrés.

—¿Porqué no puedo ser una persona normal?

—¿Qué evidencias tengo para afirmar que mi pensamiento es falso?

—¿Quién dice qué es normal? No tengo pruebas de ser completamente anormal. Creo que en muchos aspectos soy normal y tener problemas de ansiedad no me hace diferente a los demás.

Vamos a simplificar el proceso al explicar qué es lo que se hizo en cada debate. En primera, tenemos en cuenta la **verdad o falsedad** de los pensamientos mediante el análisis de las evidencias. Casi nadie tiene la costumbre de cuestionar sus propios pensamientos, pero es importante que nos tomemos un tiempo para hacerlo. Siempre y cuando no sean pensamientos obsesivos, tomar cartas en el asunto y ver si lo que piensas es falso es muy importante. Recuerda, siempre con evidencias, hechos y experimentos. La **flexibilidad e inflexibilidad** nos hablan de qué tanto estamos dispuestos a ver otros puntos de vista sobre nuestros pensamientos. Mientras más nos cerremos a que nuestro pensamiento forzosamente esté bien, más nos ponemos el pie para avanzar y sentirnos mejor.

ILÓGICO VS LÓGICO

Aunque tiene mucho que ver y seguramente no te acuerdas mucho, la lógica es la ciencia que se encarga de ordenar nuestro pensamiento para tener conclusiones correctas y darnos cuenta cuándo tenemos un error de razonamiento. Para fines prácticos, lo que tenemos que darnos cuenta es del tipo de conclusiones que tenemos. Normalmente, nuestro pensamiento se conforma con existir para probar que es verdadero. Es como si dijéramos "Creo que me voy a enfermar" y aseveremos que es una realidad y que estoy enfermo. Nuestro pensamiento—afortunadamente—es independiente del mundo. Ni se te ocurra venirme con las chorradas de la física cuántica porque a nivel de la vida cotidiana esto no opera. Para resumir, podemos identificar dos tipos de problemas de lógica relacionadas al estrés y la ansiedad. Las premisas sin conclusión y las conclusiones adelantadas.

Las premisas sin conclusión se refieren a pensamientos que suceden como un tráiler de una película de acción o terror. Te muestran las escenas más terroríficas, pero nunca la conclusión de la película.

Cuando tenía 12 años hubo una época en la que la película "El Exorcista" se puso de moda nuevamente. En la televisión—precisamente—pasaban trailers de la película anunciando una nueva "versión del director" que supuestamente era más horrorosa. Y joven incauto como era, quedé horrorizado. Para que te des una idea de qué era lo que me pasaba, hubo una noche que dormí con un crucifijo en mis manos para evitar cualquier tipo de problema. ¿Qué crees que pasó cuando (por masoquismo) vi la película completa? Exactamente, se acabó el horror. No era la gran cosa, pero a mí se me habían quedado grabadas unas escenas en las cuáles yo no tenía idea de cuál era la conclusión. De alguna manera morir salvando a la niña hizo que no me quedara un mal sabor de boca—a pesar de los vómitos del demonio.

Las conclusiones adelantadas son imágenes mentales que nos creamos, sin evidencia alguna o con evidencias circunstanciales para dar por hecho que algo—no se sabe bien ni cómo—está asechando a la vuelta de la esquina para terminar con nuestra existencia. Nuevamente, cuando tenía 12 años tuve un evento que me horrorizó durante algunas horas, hasta que le cobré un sentido más objetivo.

Mis padres decidieron—no sé cuándo ni cómo—que era buena idea acudir con un curandero que les había recomendado un sacerdote (ni ellos mismos se lo creen hoy en día cuando lo recuerdan). En fin, este curandero tenía unas filas DEMASIADO largas para que te "curara" con sus pociones y oraciones. Y tenías que ir ayunado. Nada de nada. Bueno, para no hacer más larga la historia, íbamos con una vecina y estando en la fila decidió ir al baño. Y cuando salió del mismo caminó unos cuantos pasos y cayó al suelo, convulsionándose y hablando raro. Llegó el curandero y le echó una cosa en la frente y ella tardó en reaccionar algún tiempo. Recuerda, acababa de ver la película del exorcista y estaba en la casa de un curandero, además de tener 12 años. Así que pensé que estaba poseída. Esa es una explicación pero hay dos posibles explicaciones...

- Era una mujer en sus cincuentas con presión baja en ayunas.
- La poseyó un espíritu chocarrero por ahí.

Dime tú querido lector ¿qué pensamiento va más con las conclusiones adelantadas? Si contestaste que fue poseída este libro bueno, creo que tal vez este libro no es para ti o no has estado leyendo con atención.

Vamos a hacer un ejercicio práctico. Voy a darte algunos pensamientos relacionados con la ansiedad y quiero que trates de identificar si son verdaderos y lógicos o falsos e ilógicos. Pon una I o R en la columna de lado:

Pensamiento	I=irracional R=racional
Esto no tiene solución, siempre voy a estar así.	
Si esto me pasa es porque yo inconscientemente me lo estoy buscando.	
Creo que este dolor de brazos no significa nada, a todo mundo de repente le duelen los músculos.	
La gente dice que todo está en uno, así que seguro yo estoy mal.	
Si no me voy a mi casa la voy a pasar peor.	
La ansiedad es una emoción que todo el mundo tiene.	
Quedarme en casa es una buena idea, así cualquier cosa puedo protegerme.	
Estos dolores son un signo inequívoco de que me va a pasar algo.	

CATEGORÍAS DE PENSAMIENTO RACIONAL

Irracional	Alternativa Racional
Necesidades Absolutas	Deseos y preferencias
Horriblizar	No horriblizar
Baja tolerancia a la frustración	Alta tolerancia a la frustración
Juicio hacia mi/los demás/el mundo	Aceptación incondicional de mi mismo y los demás

NECESIDADES ABSOLUTAS VS. DESEOS Y PREFERENCIAS

Desde Buda hasta Albert Ellis, pasando por los filósofos griegos, hay un aspecto en el que muchos filósofos y psicólogos coinciden; cuando la mente intenta forzar la realidad hacia sus expectativas, se encuentra con frustración y miseria, ya que jamás podría acoplar la realidad completamente hacia lo que desea. Hay tres frases que pueden ayudarnos a comprender qué son las necesidades absolutas y cuál es el punto al que desea llegar la filosofía de las preferencias.

1. **A fuerzas ni los zapatos.**
De verdad ¿lo has intentado? Es muy doloroso. En los pies, se siente inmediatamente. Tan solo unos pasos y comienza el martirio. En la mente es un proceso más lento pero que genera demasiado dolor. Hablando de ansiedad, casi siempre tenemos una necesidad absoluta. La necesidad de seguridad. ¿Quieres estar seguro o *necesitas* estar seguro? Si tienes ansiedad, créeme que lo más seguro es que

tengas una necesidad absoluta muy fuerte con respecto a esto

2. **Podemos desviar el río, pero no controlarlo.**

Y cuando lo intentamos, provocamos inundaciones y desastres. Muy a menudo jugamos con fuerzas que no podemos controlar y terminamos siendo víctimas de nuestro propio éxito.

3. **Tú pide ¡A ver qué te traen!**

Cuando era niño, se me ocurría pedir la juguetería entera para navidad y reyes magos. Obviamente mis papás no podían ni querían hacer eso, así que siempre que les decía todo lo que quería me decían sabiamente "Tú pide ¡A ver qué te traen!" Y creo que así es como podemos resumir esta filosofía. No podemos exigir de la vida o de las situaciones más de lo que realmente pasa. Podemos planear y querer, pero debemos contentarnos con lo que nos llega.

HORRIBLIZAR VS NO HACERLO

Bueno, una vez que tu mente se esfuerza en cambiar la realidad *por la fuerza* y te sigues dando de topes contra la pared, ¿Qué sigue? ¡Pues gritar a los cuatro vientos que eso es intolerable! De verdad, aunque efectivamente te vayas a morir—de hecho te aseguro que en algún punto, *todos* nos vamos a morir—nada es el fin del mundo y aceptar que efectivamente hay cosas muy molestas en el mundo, pero no por eso tenemos que estar todo el tiempo alterados es vital. He aquí algunas frases que engloban este tipo de creencias.

Horriblizar	No horriblizar
No lo puedo tolerar	No es el fin del mundo
Es horrible	Es molesto no alcanzarlo pero
¡No puede ser!	no horrible
Nunca nada cambiará, voy a	No se puede cambiar lo que pasó
seguir igual.	No creo que esté así por siempre
Ya no puedo vivir con esto.	Hasta ahora no ha pasado nada

BAJA TOLERANCIA A LA FRUSTRACIÓN

Básicamente es tirar la toalla porque forzamos nuestras expectativas y, como estas no se cumplieron, dejamos de creer en que es posible cambiarlas. Todo empieza con lo que pedimos y el aceptar que igual no sale como lo planeamos. A continuación presento algunos ejemplos de ambos tipos de creencias.

BTF	ATF
Ya para qué…	Aunque sea difícil no voy a tirar la toalla
Si lo intento fallaré	Si fallo aprenderé de ello
No vale la pena	Vale la pena porque…
Es que…	Los pretextos solo me van a paralizar
Si las cosas fueran diferentes	Las cosas son como son, y no por ello dejaré de intentarlo

Juicio hacia mi/los demás/el mundo vs. Aceptación Incondicional de los demás/el mundo/mi mismo

Cuando nuestra mente ve todo perdido, se vuelca hacia sí misma. Si no pudimos, si fallamos, si no salió como queríamos entonces en última instancia se comienza a atacar a si misma y generar un rencor hacia el mundo que le provocó tanto sufrimiento. Básicamente, nuestra mente hace un buen drama de nuestras circunstancias de vida. ¿El antídoto? La aceptación. Ya hablamos de ella en la primera parte del libro y para estos momentos, si seguiste mi recomendación de no saltarte ninguna parte y ser lineal, seguro tienes alguna experiencia de aceptación. Aplícala ahora hacia tu persona y el mundo.

APRENDIENDO A HACER CREENCIAS RACIONALES

Tomando en cuenta las características y las categorías de las creencias racionales, el objetivo es que podamos desarrollar una serie nueva de creencias en las que podamos basar nuestra filosofía de vida y de afrontamiento al estrés. La siguiente fórmula puede ayudarnos a mejorar:

Deseo + No pensar que es terrible no tenerlo + Alta tolerancia a la frustración + Aceptación Incondicional = Creencia racional si y solo sí es: Verdadera, lógica, consecuente con objetivos, socialmente aceptable y provee estabilidad emocional.

Cuando hayas identificado una creencia irracional mediante el uso de tu registro de pensamientos, es posible que hayas encontrado una creencia como la siguiente:

¿Porqué me pasan estas cosas? Ya no puedo más, siento que ya no lo puedo soportar más.

Vamos ahora a crear una creencia nueva:

Deseo o preferencia vs. Necesidad absoluta:

Me gustaría estar tranquilo y ya no tener ansiedad.

Pensar que no es terrible:

Pero sé que esto no funciona así. Aunque me gustaría, no puedo forzarme a no tener ansiedad.

Alta tolerancia a la frustración:

No por eso voy a dejar de hacer mis ejercicios, intentar relajarme y dejar que las sensaciones fluyan. Sé que vale la pena mi salud mental y voy a hacer lo que esté a mi disposición para mejorar.

Aceptación incondicional:

El que no me salga no quiere decir nada de mí, ni que yo quiera estar mal o me sabotee. Comprendo que tengo un problema pero esto no dice nada de mí.

Quiero que lo intentes ahora tú. Escoge uno de tus registros y escríbelo aquí:

_____

_____

_____

_____

_____

_____

Ahora intenta cambiarlo:

Deseo o preferencia:

_____

_____

_____

_____

_____

_____

Pensar que no es terrible:

_____

_____

_____

_____

_____

_____

Alta Tolerancia a la Frustración

_____

_____

_____

_____

_____

Aceptación Incondicional

_____

_____

_____

_____

_____

_____

Quiero que practiques ahora este proceso durante esta semana. Recuerda que este no es un libro teórico sino práctico. Tienes que dominar la habilidad. Si necesitas más ayuda, escríbeme en la siguiente dirección web para que pueda darte asistencia:

http://www.cbtpsicoterapia.com/#!contacto/con8

CAPÍTULO 4: LA CONDUCTA (ENFRENTAMIENTO Y RESOLUCIÓN VS. EVITACIÓN Y HUIDA)

Para ponerlo en términos sencillos, los problemas relacionados a la ansiedad no pueden ser evitados o huir de ellos por el simple hecho de que de esta manera se prolonga el problema. Enfrentamiento y Resolución es equivalente a bueno, evitación y huida a malo. A menos que te guste sufrir, lo cuál sinceramente lo dudo. Vamos a ver un caso extremo de ansiedad; el trastorno obsesivo compulsivo.

Hay muchas películas que han mostrado gente con TOC o trastorno obsesivo compulsivo. Este trastorno de ansiedad se caracteriza por el hecho de que los pacientes experimentan niveles muy elevados de ansiedad todos los días (aspecto emocional) tienen pensamientos sumamente repetitivos de los cuáles intentan tener el control (aspecto cognitivo) y hacen de todo tipo de rituales (aspecto conductual) para manejar su ansiedad.

Lo que pasa en este particular caso está representado en la siguiente figura:

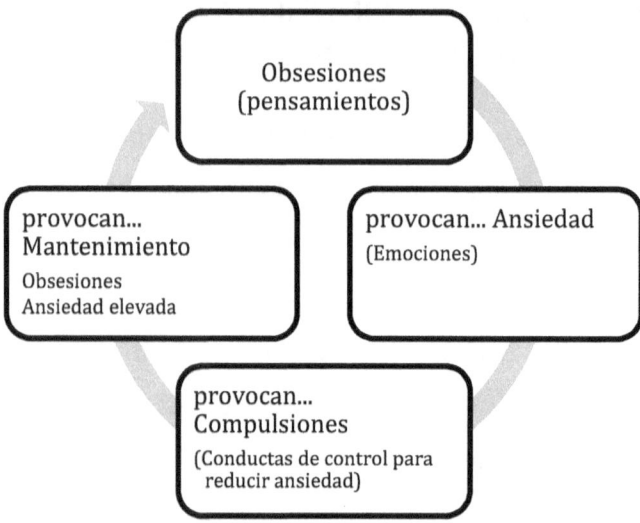

El trastorno obsesivo compulsivo es uno de los casos más extremos en los que vemos cómo la conducta, cognición y emoción están implicados en un ciclo vicioso que causa mucho sufrimiento a quien lo padece. Pero ojalá fuera tan sencillo como pensar que solo estas personas tienen estos problemas. La verdad es que en todos los trastornos de ansiedad hay cosas similares, aunque aumenta o disminuye la implicación de cada factor. Piénsalo de esta manera:

Todo mundo conoce las fobias. Es poco probable que nunca en toda tu vida te hayas topado con alguien que le tenga un miedo extremo a algún animal. Para este ejemplo, pensemos en los perros.

Es posible que la persona que conozcas (o puedes ser tu mismo) haya sido mordido por un perro. Entonces se crea un miedo tremendo hacia el animal. ¿Qué hacer bajo estas circunstancias? En este mundo en el que tanta y tanta gente es fanática de tener perros como mascotas es poco probable que vayas a poder realmente evitarte encontrarlos en la calle, en casa de tu familia, novia o novio, etc. Entonces, como seguramente lo dirá tu sentido común, tendrías que enfrentar ese miedo ¿no? Pues que crees, que de hecho para la mayor parte de las personas sucede totalmente lo opuesto. La gente hace hasta lo imposible por evitar o huir de los perros, no enfrentar su miedo. Este actuar, aunque escasamente efectivo, le funciona a muchas personas y así desean mantenerlo por el resto de sus vidas. Cambiar su miedo a los perros les implica más esfuerzo del que están dispuestos a enfrentarse. Todo bien hasta ahí, de hecho tanta gente lo hace que yo sería el que está en un error si pensara que todos deberían de enfrentar sus miedos.

Pero lo que funciona para una cosa no tiene porqué funcionar con la otra. Para las fobias, es fácil identificar el objeto temido. Es un animal, un lugar, etc. Pero ¿Qué sucede en otros problemas de ansiedad? Pues sucede que el miedo viene de adentro de uno mismo. Las sensaciones físicas, los pensamientos, etc., se vuelven en el objeto temido y ¿cómo vamos a huir de nosotros mismos? De hecho, prácticamente todas las personas que tienen ataques de pánico o ansiedad generalizada lo intentan sin resultados, solo prolongando su sufrimiento. Es una batalla perdida y que de hecho no tiene porqué ser librada.

CAPÍTULO 5: RESOLUCIÓN DE CONFLICTOS

¿Recuerdas la historia del Monje y el Rey Tirano? Pues es hora de poner en acción lo que vimos y llevarlo todavía más lejos. Cuando cambias tu pensamiento, cambias tu realidad interna, pero eso no es todo lo que puedes hacer. Durante miles de años hemos estado transformando la realidad. Aunque muchas veces somos víctimas de nuestro propio éxito, tenemos que intentar encontrar el equilibrio para poder mejorar nuestras circunstancias. Resolver los problemas que tienes es un paso vital para poder mejorar y que *realmente* termines con tus problemas de ansiedad. Todo tiene solución y si no la tiene, entonces no es un problema. Sé que es una frase trillada, pero te prometo que es cierta. Vamos a ver los pasos para poder resolver problemas de manera racional.

1. Definir el problema: ¿Cómo definimos un problema? A través de preguntas, preguntas y más preguntas. Comenzamos en lo abstracto y terminamos en lo concreto. Imagínate que esto es un juego. En todo juego deben de haber reglas claras para saber cuándo se gana y qué se vale y qué no se vale hacer para ganar. El problema al que nos enfrentamos es que comúnmente tenemos que indagar cuáles son estas reglas y condiciones de victoria.
2. Generar opciones de solución: Podemos utilizar técnicas como la lluvia de ideas, las encuestas o incluso nuestra imaginación. El objetivo de esta fase es tener una amplia lista de opciones sobre las cuáles podamos sopesar en la siguiente fase.
3. Toma de decisiones: Una vez con nuestras alternativas elaboradas por medio de una lista, tenemos que pensar en cuáles son los pros y contras de cada una de ellas. Debemos elegir las soluciones más factibles y con una proporción de mayores pros en comparación a sus contras.
4. Preparar e Implementar la solución: Tener una idea maravillosa no significa nada si no tenemos un plan para implementarla. Esta fase consta en planear con detalle cómo llevaremos a cabo nuestra

solución. ¿Qué? ¿Cómo? ¿Cuándo? ¿Con quién? ¿Cuántos? Todas esas y más preguntas deben estar contempladas para la preparación. La implementación es la parte técnica de esta fase, en donde realizamos las actividades para las que nos preparamos.

5. Evaluación de los resultados: La fase de evaluación es vital si queremos hacer un cambio significativo.

Vamos ahora hacia un ejercicio práctico:

1. Definir problema. Para que podamos afirmar que definiste adecuadamente tu problema, escríbelo en las siguientes líneas. En este primer paso no puedes excederte de 3 oraciones.
    a. _____
    _____
    _____
    _____
    _____
    _____

    b. ¿Qué tipo de problema tienes?
        i. Problema con alguien más.
        ii. Con alguna situación.
        iii. Problema conmigo mismo (pensamiento, emoción o conducta)
    c. ¿Puede resolverse?
        i. Si
        ii. No (Si no, volver a replantear el problema)
2. Generar opciones de solución:
    a. Utiliza la lluvia de ideas. Trata de generar por lo menos (y aquí viene el truco) 10 ideas *que una persona* (no te limites a pensar lo que tú) podría hacer para resolver el problema. No critiques las ideas todavía, aunque te suenen descabelladas.
    b. No dudes en pedir ayuda para abrir tu perspectiva. Varias mentes pueden aportar más que una sola. Claro está, escoge bien a quién pides ayuda.
    c. Investiga (estudios de caso de preferencia) cómo otras personas han resuelto problemas similares a los tuyos. Busca en fuentes confiables.
    Anota aquí por lo menos unas 10 soluciones que hayas pensado:
        1. _____
        2. _____

3. _____
4. _____
5. _____
6. _____
7. _____
8. _____
9. _____
10. _____

3. La toma de decisiones es un proceso que debe llevarse analizando los siguientes factores: Ventajas y Desventajas, así como costos y factibilidad con los recursos que se dispone actualmente. Utiliza la siguiente tabla para realizar tu análisis de toma de decisiones:

Propuesta	Ventajas (1-10)	Desventajas (1-10)	Factibilidad (1-10)	Resultado
1.				
2.				
3.				
4.				
5.				
6.				
7.				
8.				
9.				
10.				

4. Una vez que hayas elegido la o las opciones más viables, pasamos a la fase de preparación e implementación. Responde a las siguientes preguntas para llevar a cabo tu planeación:

    a.   ¿Cuándo?
    b.   ¿Cómo?
    c.   ¿Qué necesito?
    d.   ¿De qué forma?
    e.   ¿Qué entrenamiento o habilidad necesito?
    f.   ¿Qué material necesito?

Una vez que tengamos nuestro plan, es hora de ponerlo en marcha. Este no es un proceso lineal. Nuestros planes son guías, no leyes. Algo que podemos esperar es que se desvíen de la guía y no salga como quisiéramos. No por ello dejamos de intentarlo eso sí.

5. Evaluación de los resultados. No puedo decir suficientes cosas sobre la importancia de este paso. Si no lo haces, estás destinado a creer que no puedes hacer nada para mejorar tu situación o creer falsamente que lo que estás haciendo estuvo bien.

Recuerda que escasamente vas a poder reducir tu ansiedad si de hecho sí tienes problemas que te generen estrés. Muchas veces cuando tenemos situaciones que realmente nos generan problemas muy fuertes, nuestra mente da un vuelco hacia sí misma. Recuerdo mucho el caso de Olga, quien presentaba síntomas de ansiedad moderados—tirándole a graves—en los que se obsesionaba con sus síntomas físicos. Si fuera ingenuo—que me gusta pensar que no lo soy—me hubiera centrado solamente en la reducción de sus síntomas físicos de ansiedad, pero siempre he pensado que hay que poner las cosas en contexto. Sus principales síntomas rondaban en cuanto a si se iba a enfermar o si algo le pasaría físicamente, esto es un temor a la muerte inminente. Pero indagando un poco más, me di cuenta de que tenía varios asuntos sin resolver en su vida y que había estado evitando. No. 1, su hijo. Era madre soltera y vivía con su mamá, quien era una persona sumamente hostil y controladora. No. 2, estaba envuelta en una relación sentimental de conveniencia, en la que ella no estaba realmente de acuerdo pero como su novio era amigo de sus hermanos, con los que él tenía un negocio, le parecía realmente difícil la posibilidad de terminar con él. Además de ello, dependía de él hasta en aspectos que no se percataba; no era capaz de irse al gimnasio con sus amigas por la comodidad y—de paso así evitaba la ansiedad—de subirse al transporte público sin que él la llevara. Cuando comenzó a enfrentarse a sus problemas comenzó a ver que la ansiedad era sólo un aspecto más de su evitación y que no le quedaba realmente de otra más que solucionar estos conflictos que durante años había pospuesto.

ANEXOS

Fecha	Situación	Emoción	Conducta	Pensamientos Automáticos	Respuesta Alternativa	Resultado
	¿Qué evento o pensamientos o memorias te llevaron a tener una emoción desagradable? ¿Qué sensaciones físicas desagradables tuviste?	¿qué emociones sentiste en ese momento? (Enojo, tristeza, ansiedad) ¿Del 1 al 10, que tan intensa fue la emoción?	¿Qué hiciste? ¿Cómo reaccionaste ante el evento?	¿Qué pensamientos o imágenes te llegaron a tu mente? ¿Qué tanto creíste en ellas del 1 al 10?	¿Qué distorsión tuviste? ¿Trataste de tener un pensamiento alternativo? ¿Qué tanto te crees el nuevo pensamiento del 1 al 10?	¿Qué tanto crees ahora tu pensamiento automático? ¿Qué emociones sientes ahora? ¿Qué vas a hacer ahora?

Fecha	Situación	Emoción	Conducta	Pensamientos Automáticos	Respuesta Alternativa	Resultado

ACERCA DEL AUTOR

Psicoterapeuta de profesión. Estudié la licenciatura en psicología social en la Universidad Autónoma de Querétaro. Cuento con estudios de certificación por parte del Instituto Beck de Terapia Cognitiva, así como de diplomado y maestría por parte del Instituto de Posgrado en Psicoterapia Cognitivo Conductual. Actualmente laboro en la práctica privada en intervención para problemas de depresión, ansiedad y problemas de pareja en adultos, así como en el tratamiento de niños con problemas académicos y de conducta. Mi experiencia me ha llevado a trabajar desde niños en comunidades rurales con un bajo nivel de alfabetización hasta intervenciones y consulta a instituciones de educación públicas y privadas.

WWW.CBTPSICOTERAPIA.COM
SAN JOAQUÍN 110. COL. ESTRELLA.
4422820077
SANTIAGO DE QUERÉTARO.

www.ingramcontent.com/pod-product-compliance
Lightning Source LLC
Chambersburg PA
CBHW030520290526
45786CB00004B/1549